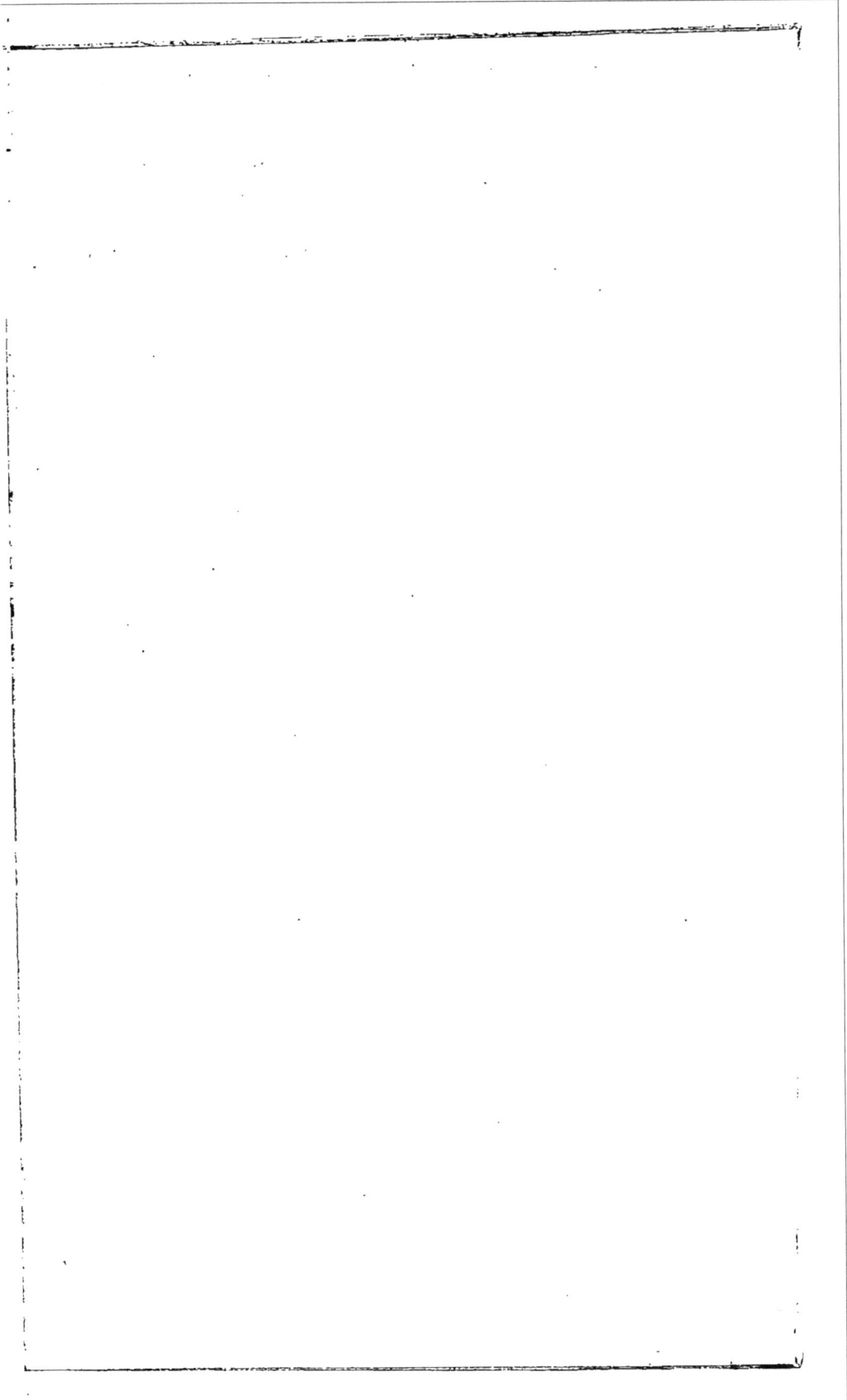

P. MARCOZ

DISCOURS

DISTRIBUTION DES PRIX DU LYCÉE DE CHAMBÉRY
AOUT 1863

ET DE DOCUMENTS

PAR
LYROT

CHAMBÉRY
IMPRIMERIE MÉNARD
Rue...

1885

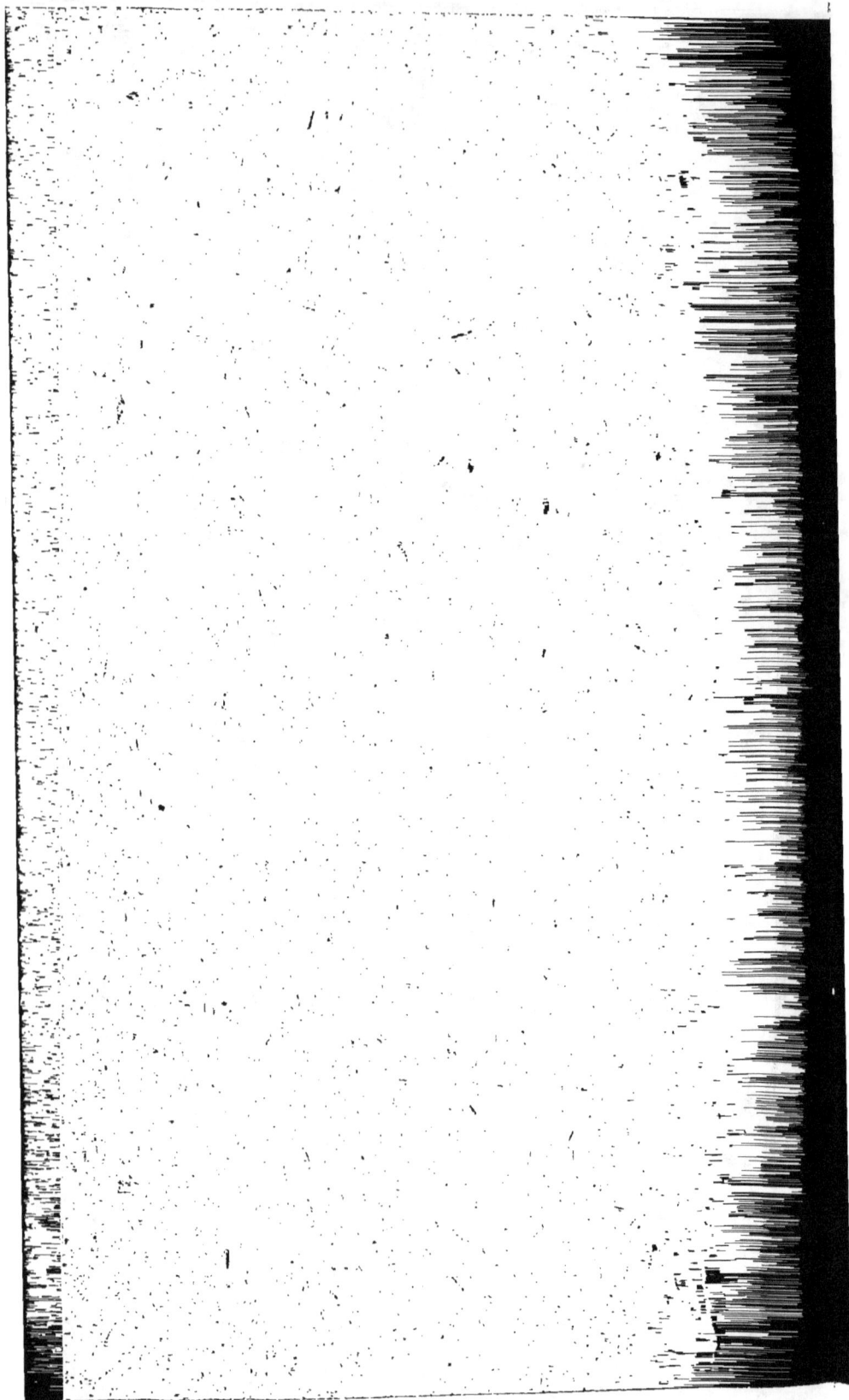

J.-B.-P. MARCOZ

DISCOURS

PRONONCÉ

A LA DISTRIBUTION DES PRIX DU LYCÉE DE CHAMBÉRY

LE 4 AOUT 1883

ET SUIVI

DE NOTES ET DE DOCUMENTS

PAR

M.-J. EVROT

Professeur de troisième.

CHAMBÉRY

IMPRIMERIE MÉNARD
Rues Juiverie et Bonivard.

1883

J.-B.-P. MARCOZ

ASTRONOME

Né à Jarrier (Savoie), le 18 août 1759 ; mort à Lyon
le 5 novembre 1834.

———✕———

Mesdames, Messieurs, mes Amis,

Le sort a des caprices bizarres et in-
justes : s'il élève les uns à une renommée mal acquise, il ensevelit les autres
dans un oubli immérité.

Il est des hommes, en effet, qui n'ont
signalé leur passage dans le monde que
par l'immoralité de leur vie et de leurs
écrits ou par de sanglantes et vaines conquêtes, — et dont les noms cependant
sont redits, quelquefois avec louanges ,
par la postérité. D'autres , au contraire,

ont vécu modestement pour la science et pour la vertu ; mais, s'ils ont laissé derrière eux la trace de leur sagesse et de leurs bienfaits, ils n'en ont pas laissé le souvenir. Leur mémoire, qui appelait la lumière, a été obscurcie et comme éteinte par l'ingratitude ou l'indifférence de leurs contemporains.

C'est de la vie et du caractère de l'un de ces esprits oubliés et qui méritent de ne pas l'être, que je suis heureux de pouvoir vous entretenir.

L'éloge d'un fils de la Savoie, de Jean-Baptiste MARCOZ, médecin , astronome, député à la Convention nationale et au Conseil des Cinq-Cents, professeur de mathématiques à l'Ecole centrale du Mont-Blanc, un des bienfaiteurs de notre bibliothèque publique et fondateur d'une école de dessin à Chambéry, — ne saurait être déplacé dans une de ces fêtes de l'instruction où des jeunes gens studieux viennent recevoir, sous les yeux et des mains de leurs aînés, la récompense de leurs premiers efforts. Qu'il me soit permis de regretter de n'avoir ni l'expérience nécessaire pour louer dignement une si noble existence, ni la compétence indispensable pour juger des travaux d'un ordre aussi élevé. Mais je veux apprécier en Marcoz sa vie et non ses œuvres, montrer en lui le sage plutôt que le savant ; et, dans une telle étude, la science ne peut-elle être remplacée par la sincérité ?

Marcoz était un montagnard. Il fut de cette race de la Maurienne, à la fois vigoureuse et intelligente, qui a donné à la Savoie, à l'Italie ou à la France les peintres Dufour, le sculpteur Clapier, le médecin Fodéré et tant d'autres hommes éminents. Né au village de Jarrier, en

1759, il fit ses études dans la ville voisine, au collège de Saint-Jean, dirigé, alors comme à présent, par des ecclésiastiques. On en voulait faire un prêtre : l'éducation qui lui fut donnée, l'usage de sa province qui vouait à la tonsure tout jeune homme de quelque avenir, les exhortations même de sa famille, qui firent de ses trois frères un diacre, un curé, un chanoine, — semblaient le pousser aux autels. Mais aucune carrière ne pouvait moins convenir à l'esprit indépendant de Marcoz : il voulait agir et penser librement ; il voulait chercher Dieu dans ses œuvres plutôt que dans celles de saint Thomas d'Aquin.

Il se rend à Turin et suit avec ardeur les cours de la Faculté de médecine. Il n'y fut pas étudiant de dixième année : à vingt-trois ans, il était reçu docteur. De retour en Savoie, encouragé par le chevalier de Saint-Réal, l'ami du naturaliste de Saussure, il se prépare par l'étude des plantes, des minéraux, des mathématiques, à ces calculs difficiles de l'astronomie qui devaient bientôt occuper ses veilles et passionner sa vie.

Peut-être n'eût-il jamais quitté sa province et ses chères montagnes. Mais un grand fait historique vint bouleverser l'Europe et modifier le cours régulier d'une existence qui promettait d'être tranquille autant que laborieuse.

La Révolution avait renversé la monarchie et remplacé le bon plaisir d'un seul homme par la volonté de tout un peuple. La France, d'abord assiégée comme une place forte par les armées coalisées, de comprimée devenait expansive et d'attaquée se faisait conquérante. Conquêtes faciles, car les villes et les campagnes se précipitaient au-devant du drapeau de la République, dont les plis laissaient briller ces mots : *Guerre aux despotes ! Paix et liberté aux peuples !* Le 22 septembre 1792, le général de Montesquiou entrait en Savoie, aux acclamations de toute une province heureuse d'échapper à cet absolutisme piémontais, sous le joug pesant duquel elle devait, hélas ! retomber. *Deux frères longtemps séparés,* dit Michelet, *se retrouvent, s'embrassent : simple et grande histoire !*

Le docteur Marcoz avait alors trente-trois ans. Il vit avec bonheur la Savoie, terre déjà française par la géographie, par la langue, par les idées, devenir française par l'adoption. Aussi, ses concitoyens ne purent-ils choisir de plus éloquent interprète quand ils le chargèrent de remercier les représentants de la République du décret d'annexion,

ni de meilleur député quand leurs suf-
frages intelligents l'envoyèrent siéger
lui-même à la Convention nationale.

Marcoz n'aurait-il pas d'autres ti-
tres à notre souvenir, il est honorable
pour lui d'avoir fait partie de cette
grande assemblée qui fit la terreur des
rois et l'allégresse des nations, et d'avoir
lutté côte à côte avec ces travailleurs
géants qui avaient un monde à recons-
truire, et qui, en trois années, promul-
guèrent plus de onze mille décrets ! Plus
tard, sous l'Empire, sous la Restaura-
tion, beaucoup d'entre eux, méconnus
de leurs concitoyens ingrats, allèrent
mourir sur des rivages lointains; d'autres, comme Marcoz, lassés par tant
d'efforts, épuisés par tant d'émotions, se
réfugièrent dans une obscure retraite,
conservant fidèlement la mémoire de
leurs amis disparus pendant la tempête,

et le souvenir de principes qui, eux du moins, ne sauraient jamais sombrer ! Epoque étonnante par ses vertus qu'on a voulu diminuer, bien plus que par ses excès qu'on a voulu grossir ; où tout était grand, non-seulement les paroles, mais aussi les sentiments et les actes; où l'amour de la France planait bien au-dessus de l'intérêt particulier ; où, au plus fort de la Terreur, le député savoisien Carelli donnait cinquante mille francs, — une fortune alors, — à la Patrie nécessiteuse et adoptait un orphelin ; où les dissensions des partis ne faisaient pas toujours oublier les devoirs d'humanité, et où Marcoz, selon l'éclatant témoignage de François Arago, protégeait, au péril de sa propre vie, celle de Condorcet proscrit !

Quoique siégeant à la Montagne, Marcoz ne fut jamais un exalté : son enthousiasme était d'un savant, ses passions d'un géomètre. Son cœur pouvait brûler sans doute, mais il brûlait sans flamme. Ce législateur paisible dut quelquefois gémir des querelles injurieuses qui souillèrent trop de séances de l'Assemblée, et se dire parfois avec tristesse comme un magistrat son compatriote : *Je vois une arène où je m'attendais à trouver un aréopage.* Mais il s'éloignait de ces réunions tumultueuses pour continuer, au milieu des plus violents orages, ses études scientifiques. Au sein de la Convention, il préparait le Calendrier républicain et publiait l'*Objet et ordre des fêtes décadaires ;* comme plus tard, dans le Conseil des Cinq-Cents, où l'envoyèrent une seconde fois des électeurs pleins d'estime pour son jugement solide et de sympathie pour son noble cœur, il prit part à l'organisation du Système métrique. Le 20 mai 1797, après quatre ans de législature, se termina sa carrière politique.

L'honnête homme qui avait participé aux travaux et aux luttes de la Révolution, l'ami de tant de savants illustres, du géomètre Lagrange, de l'érudit Dupuis, du voyageur philosophe Volney et du mathématicien Condorcet, revint à Chambéry en qualité de professeur à l'école Centrale, nouvellement créée, du département du Mont-Blanc. Les cours s'étaient ouverts dans ce couvent de la Visitation, dont les murailles froides et vieillies se soutiennent toujours à quelques pas de cette enceinte, et où, maintenant encore, la plupart d'entre vous, chers collègues ou chers élèves, viennent enseigner ou s'instruire. Pendant cinq ans, Marcoz y professa les mathématiques devant une jeunesse qu'il savait rendre studieuse en s'en faisant estimer et chérir. N'était-ce pas, dans une sphère plus modeste, mais non moins utile, travailler encore pour la régénération et la grandeur de la France ?

Mais le vainqueur d'Arcole et des Pyramides avait usurpé l'autorité suprême. Au 18 Brumaire, il avait donné à sa dynastie l'exemple de ces coups d'Etat qui absorbent au profit d'un homme toutes les forces vives d'une nation. Les écoles devenaient des casernes, la toge le cédait aux armes. Les exercices militaires, qui ont aujourd'hui pour but de vous préparer à défendre la Patrie et, peut-être, quand l'heure sera venue, à la venger, préparaient la jeunesse d'alors à servir l'ambition d'un capitaine jaloux des lauriers d'Alexandre et de César, et à livrer pendant quinze ans des batailles grandioses et inutiles.

Marcoz eût avec joie servi son pays, non Bonaparte. Il aurait pu, comme tant d'autres, se convertir au nouvel ordre de choses et ajouter un rayon à l'auréole de gloire littéraire et scientifique dont le premier consul voulait ceindre son front : le conventionnel resta fidèle à une constitution qu'il avait votée. Il agit comme Ducis, un peu son compatriote, auquel il ressemble par la fierté du caractère.

Un jour, Bonaparte avait entraîné ce poète dans son parc de la Malmaison ; il flatta celui qu'il appelait avec une bonhomie affectée le *papa Ducis*, et lui fit mille séduisantes promesses. Ducis l'écoutait silencieusement, songeant sans doute à la fable du Chien gras mais attaché, et du Loup maigre mais libre, quand un vol de canards traversa les airs : « Général, dit-il brusquement,

vous êtes chasseur. Voyez-vous ces oiseaux qui volent à tire-d'aile au-dessus de nos têtes ? Ils voient de loin briller le fusil et sentent de loin l'odeur de
la poudre. Eh bien ! je suis un de ces
oiseaux sauvages. » Et il s'enfuit, lais-
sant son interlocuteur stupéfait de cette
originale réplique.

Marcoz, dont le nom n'eut jamais de
retentissement, ne fut pas, comme Ducis, l'objet de sollicitations pressantes.
Il agit cependant avec la même résolu-
tion, avec le même esprit d'indépen-
dance républicaine : il donna sa démis-
sion de professeur à l'Ecole centrale, et
se fit canard sauvage.

Avez-vous remarqué, au Petit-Barberaz, au bord d'un chemin accidenté et
pittoresque, entre l'église et le cimetière, une habitation charmante parmi
toutes celles qui sont semées sur les

flancs de ce coteau, et où, grâce aux efforts accumulés de plusieurs propriétai-
res, des arbres et des fleurs croissent
sur un rocher? La vue, libre et large,
s'étend sur toute la vallée, depuis la
crête régulière de l'Epine, qui s'allonge
au couchant comme une sombre murail-
le, jusqu'aux amoncellements gigantes-
ques des Alpes, dont la blancheur nei-
geuse borne les regards à l'orient. C'est
là que, pendant plus de trente ans, vécut Marcoz, tranquille et respecté. C'est
là que, suivant l'un de ses amis, l'avocat Antoine Métral, il donnait à ses visi-
teurs l'idée d'un des sages de la Grèce,
tant il leur était semblable par les manières, les mœurs et le labeur incessant.
C'est là qu'il lisait sans relâche dans
cette page immense du Ciel, où chaque
jour apparaissent de nouveaux carac-
tères ; là qu'il étudiait les systèmes des

Egyptiens, des Hindous et des Grecs, commentait les ouvrages d'Hipparque et de Ptolémée, corrigeait les erreurs du passé par les découvertes du présent, et les erreurs de ses contemporains eux-mêmes par des observations plus précises et des calculs plus exacts. En 1819, il publia ses *Remarques critiques sur l'histoire de l'astronomie ancienne de Delambre*. En 1828, il fit paraître l'*Astronomie solaire d'Hipparque ;* quatre ans après, son *Astronomie solaire simplifiée*, et, l'année qui précéda sa mort, l'*Erreur des astronomes et des géomètres d'avoir admis l'accélération séculaire de la lune*. Les Académies des sciences de Turin et de Saint-Pétersbourg, et l'Amirauté de Londres honorèrent ses ouvrages des plus flatteuses appréciations. Il refusait de s'établir à Paris, où l'appelaient ses amis et l'im-

pression de ses savants traités, à Paris, la ville des lumières, où son nom aurait pu briller, son talent s'épanouir et la renommée récompenser ses remarquables travaux.

Il préférait voir grandir ses arbres, respirer le parfum de ses fleurs, ajouter une aile à sa maison, relever les murs qui s'écroulaient sous la poussée des terrains, secouer la poussière de ses vieux livres, se plonger dans ses profonds et mystérieux calculs astronomiques, et voyager ainsi du ciel à la terre et de la terre au ciel.

Messieurs, cette villa du Petit-Barberaz, sur un coteau, en pleine lumière, qui abrita si longtemps une vie pure et studieuse, et à laquelle, jusqu'à ce jour, l'indifférence n'a attaché aucun souvenir, me fait penser, par contraste, à une retraite voisine, qui a caché, au fond

d'un vallon solitaire, les amours de celui qui n'était encore Rousseau que par
ses aventures et par ses fautes. Vous le
dirai-je tout bas, — au risque de passer
pour blasphémateur et hérétique? — à
la maison qui rappelle l'illustre et irré-
gulier philosophe, je suis tenté de pré-
férer la demeure de l'astronome modeste
qui marcha toujours d'un pas ferme et
droit.

Les dernières années de Marcoz furent affligées par un triste spectacle.
Il avait vu jadis la Savoie accueillir avec
enthousiasme les soldats de la République, ces colporteurs des Droits de
l'homme. Et maintenant, sa province
natale, violemment séparée de la France,
sévrée de ces libertés qu'à des degrés
divers, même sous ses ducs et ses rois,
elle avait autrefois possédées, gémis-
sait sous l'intolérance politique de Char-

les-Félix et sous le despotisme religieux
de la Compagnie de Jésus toute-puis-
sante. Les douleurs morales qui durent
assaillir le cœur de cet excellent citoyen
étaient encore aggravées par les souf-
frances physiques du savant vieillard.
Il quitta la Savoie pour aller chercher
à Lyon un adoucissement aux unes et
une guérison douteuse pour les autres.
Son état était grave : le médecin Marcoz ne pouvait l'ignorer. Il agit en homme vaillant et sage : il rédigea son testament, et, accompagné de son éminent
ami, l'avocat Molin, il se rendit, le 26
août 1834, au Sénat de Savoie, où il en
fit le dépôt. Deux mois après, à Lyon, la
mort venait le saisir, non le surprendre.
Il avait soixante-quinze ans. En 1832, en
apprenant la fin de l'un de ses fermiers, il avait eu le droit d'écrire
ces mots touchants : « *Je pleure sa*

mort : il aurait pleuré la mienne si je l'avais précédé dans la tombe. »

Mais l'homme peut prolonger sa vie par le bien qu'il fait après sa mort et laisser sur la terre mieux que la gloire : une bonne action qui dure. Marcoz instituait la ville de Chambéry sa légataire universelle. Il voulait que ses revenus fussent consacrés à l'établissement d'une école d'astronomie, ou, — si ce rêve de toute son existence ne pouvait se réaliser, — à celui d'un cours de dessin linéaire. Cette dernière fondation, peu à peu enrichie et transformée, est allée se verser dans notre Ecole préparatoire pour la grossir et la compléter. C'est ainsi, Messieurs, que l'octogénaire de la fable plantait un frêle abrisseau qui devait grandir par ses arrière-neveux et leur donner, longtemps après lui, un vaste et salutaire ombrage.

Marcoz léguait à l'instruction autre chose que sa fortune. De même qu'il y a deux siècles, le P. Mersenne, le docte ami du grand Descartes, voulut que l'opération chirurgicale commencée sur son corps fût terminée quand il ne serait plus, et, puisqu'elle n'avait pu le sauver lui-même, fût du moins utile à l'humanité, — de même le docteur Marcoz, qui souffrait d'une longue et cruelle maladie, avant de rendre son âme à l'Etre suprême, donna son corps inanimé à l'Ecole d'anatomie qui existait alors à Chambéry. Mais ce vœu, qui résume si fortement une vie dévorée tout entière par le feu sacré de la science, n'a pas été réalisé; et les restes de cet homme de bien, qui devraient dormir doucement dans cette terre de Savoie qu'il eût souhaité ne jamais quitter, sont maintenant dispersés et battus de la pluie et des vents dans un cimetière lyonnais !

Pourquoi Marcoz fut-il si profondément oublié? pourquoi chercherait-on vainement dans les journaux et publications de la Savoie une mention de sa vie et de ses ouvrages? et pourquoi devons-nous en ce jour lui offrir, avec des éloges, une tardive et juste réparation? — C'est qu'il était à la fois fier et timide ; il ignorait l'art de se pousser dans le monde et de grandir en humiliant ses rivaux. Il était en outre d'une sincérité peu ordinaire : *Mon habitude de franchise*, dit-il dans une de ses préfaces, *m'interdit tout détour ; et, comme Boileau, j'appelle un chat un chat. Mon but n'est pas d'offenser, mais de prouver.* Il ne craignit jamais d'attaquer des erreurs solidement établies, de se heurter à d'influentes personnalités, et de railler avec esprit certains membres de l'Académie des sciences qui avaient moins de talent que de fatuité. D'ailleurs, la hardiesse de ses opinions philosophiques et religieuses et le froid courage avec lequel il les manifestait, à une époque où l'intolérance en Savoie semblait renouvelée du XVIe siècle et y préparait comme une seconde Inquisition, lui avaient valu, dans son pays natal, d'irréconciliables ennemis. *L'amour-propre du plus grand nombre,* a-t-il écrit non sans mélancolie, *offensé dans la possession de son opinion, se soulève avec indignation contre celui qui lui montre que c'est une erreur, lui reproche une audace téméraire, et lui voue, non-seulement le mépris, mais encore la haine, conformément à cet adage : Veritas odium parit.* Epreuves bien dures pour un homme si bon ! Mais il trouvait sa consolation et sa récompense dans le calme de son âme, dans le doux contentement du devoir rempli, et dans la joie de la vérité découverte et proclamée !

Tels furent, Messieurs, la vie, la mort et le caractère du savant astronome dont on eût voulu étouffer la mémoire, et qui fut d'ailleurs victime des qualités mêmes que nous louons aujourd'hui.

Vous voyez, chers Elèves, que les pensées généreuses et la noblesse des sentiments ne sont pas l'apanage exclusif de ceux dont le grand nom vole de bouche en bouche, — et qu'entre les esprits vulgaires qui regardent l'eau couler et répètent : après nous, le déluge ! et ces génies puissants qui *entrent vivants dans l'immortalité*, il y a une place honorable pour ces hommes de cœur et de travail auxquels la postérité doit, sinon une de ces statues qu'aujourd'hui

l'on prodigue, du moins un pieux et re-
connaissant souvenir.

Prenez exemple sur la vie si noble et
si bien remplie que j'aurais voulu mieux
raconter. Travaillez, — moins pour rem-
porter des prix et des couronnes que
pour être plus tard des hommes instruits
et d'utiles citoyens. Et peut-être un jour
pourra-t-on dire de vous, comme je le
dis maintenant de Marcoz : Il vécut et
mourut pour le bien et pour la science,
et, à l'une des époques les plus tour-
mentées de l'histoire, ses fermes regards
furent invariablement fixés sur les ima-
ges resplendissantes de la Vérité, de
l'Honneur et de la Liberté !

NOTES, EXTRAITS, DOCUMENTS

I.

ŒUVRES DE MARCOZ.

1° Thèse pour le doctorat en médecine. Brochure de 16 pages, en latin. On
lit sur la première page : *Joannes-Bap-
tista-Philippus Marcoz Mauriano-
Jarriensis R. PP. C. A. ut medicinæ
philosophiæque doctor inauguretur
in almo taurinensi athenæo*, ANNO
MDCCLXXXII, DIE XXVII. *Aprilis*, HORA VI.
*Respertina. Augustæ Taurinorum.
Ex typographia Ignatii Soffietti.*
La thèse se divise en trois parties :
*1° Ex materia medica vegetabilium
exoticorum.— Chinachina, seu cortex
peruvianus. 2° Ex historia et theoria
febrium. — Tertiana intermittens.
3° Ex praxi morborum particula-
rium. — De apoplexia.*
Au bas de la dernière page : *Supe-
riorum permissu.*

(Bibliothèque de Chambéry.)

2° Marcoz, membre correspondant de
l'Académie des sciences de Turin, lui

adresse, en 1791, les deux mémoires de
géométrie et d'algèbre suivants :

A. *Linearum rectarum divisio in
quotlibet partes æquales per lineas
rectas et circulares.*
B. *Des équations dont s'évanouis-
sent deux termes affectés de l'incon-
nue.*

3° Objet et ordre des fêtes décadaires
(nivôse an III).

4° Vraie durée de l'année solaire et
du mois lunaire d'Hipparque et de Ptolémée découverte et démontrée. —
Chambéry, chez J.-B. Bergoin. 1803.

5° Remarques critiques sur l'histoire
de l'astronomie ancienne de M. Delambre, contenant une détermination rigoureuse des intervalles des observations
astronomiques par lesquelles Ptolémée
a conclu la durée de l'année, et la
preuve des erreurs de la méthode em-
ployée par M. Delambre pour cette détermination ; par M. Marcoz. Paris,
Mᵐᵉ veuve Courcier. 1819. Brochure in-4°
de 20 pages.

(Bibliothèque de Chambéry.)

6° Astronomie solaire d'Hipparque,
soumise à une critique rigoureuse et
ensuite rendue à sa vérité primordiale ;
par J.-B.-P. Marcoz. A Paris, chez de
Bure frères, libraires du roi et de la bi-

bliothèque royale, rue Serpente, n° 7. 1828 (in 8°).

7° Astronomie solaire simplifiée, fondée sur les observations tant anciennes que du moyen-âge, et prouvant l'exclusion des variations séculaires théoriques introduites dans les calculs des lieux du soleil, par J.-B -P. Marcoz.

Necessaria est inquisitio veritatis et (necessarium est) facere ipsam vincere et apparere. (Geber, in Astron. Lib. I. Proœm).

A Paris, chez de Bure frères, 1832 (in-8°).

Cet ouvrage est suivi de la Réfutation de la critique du livre intitulé : *Astronomie solaire d'Hipparque*, par J.-B.-P. Marcoz ; insérée par M. Letronne dans le *Journal des savants*, novembre 1828 et janvier 1829.

8° Erreur des astronomes et des géomètres d'avoir admis l'accélération séculaire de la lune, en prenant pour des observations réelles et légitimes les récits d'éclipses de l'Almageste, tandis qu'ils ne sont que des calculs faits par Ptolémée avec ses tables, et d'avoir, en outre, prétendu établir cette accélération par les éclipses des Arabes et des

Européens, lesquelles cependant la repoussent absolument. — Conséquences contre les théories astronomiques et les tables lunaires des modernes.

Par J.-B -P. Marcoz, à Paris, chez de Bure frères. 1833 (in 8°).

II.

EXTRAITS DES ŒUVRES DE MARCOZ.

1° ASTRONOMIE SOLAIRE D'HIPPARQUE, page xliij.

..... Tel est le compte que je rends au public des résultats de mes travaux de plus de trente ans. Je les ai continués dans la seule vue du progrès de la science et de l'utilité publique.

Recueillir les vraies connaissances astronomiques des anciens, arracher à leur déguisement systématique bien constaté leurs observations et leurs déterminations, pour les rendre comparables à celle des modernes, tel a été mon projet.....

A raison de tout le temps que j'ai employé à mes recherches, je crois pouvois réclamer de mes lecteurs de n'être par jugé par quelques heures de leur attention.

2° ASTRONOMIE SOLAIRE SIMPLIFIÉE,
PAGE 291.

..... Le champ est maintenant ouvert à la critique ; elle s'exercera avec ardeur et activité, parce que mon ouvrage froisse beaucoup d'intérêts divers et d'opinions reçues. Aux critiques dictées par l'injustice, l'esprit de parti les préjugés et l'ignorance présomptueuse, un profond silence sera ma seule réponse. Les critiques fondées sur la vérité et l'esprit de justice auront seules de l'empire sur moi. Je dirai à ceux qui en seront les auteurs : faites mieux que moi..... et je reconnaîtrai avec satisfaction la supériorité de vos talens et de vos moyens. Votre critique alors méritera mes éloges.

3° PRÉFACE DE LA RÉFUTATION DE LA
CRITIQUE DU LIVRE INTITULÉ

Astronomie solaire d'Hipparque.

Un ouvrage relatif à l'astronomie ancienne..... a paru en 1828, sous mon nom..... avec le titre d'*Astronomie solaire d'Hipparque* .... Il a dû mécontenter tous ceux pour qui toute idée nouvelle qui contrarie leurs idées acquises est un objet qu'ils condamnent avec mépris, sans vouloir même l'examiner......

Un littérateur qui s'est fait connaître par beaucoup d'écrits philologiques (M. Letronne), paraît s'être chargé de faire valoir ces griefs et d'attaquer mon ouvrage par une grande diffusion de prétendues raisons scientifiques et littéraires, écrites avec un style qui leur est parfaitement assorti. Il les a consignées dans le *Journal des savans (novembre 1828, pages 678 à 689, et dans celui de janvier 1829, pages 30 à 47)*.

Sans doute, une critique raisonnée et même sévère d'un ouvrage, faite par un savant possédant parfaitement la matière dont il doit juger, qui serait en même temps impartial et de bonne foi, qui n'accorderait rien à la flatterie ni à l'esprit satirique, qui mettrait de côté ses préjugés et ses passions, pour ne voir que la vérité et n'éprouver que les inspirations de la justice, une telle critique, dis je, serait un bienfait pour l'auteur et pour le perfectionnement de son ouvrage.

Telle était la critique à laquelle je devais m'attendre, en la sachant émanée du journal appelé par excellence celui des *Savans ;* mais malheureusement, elle ne m'a préseuté au premier abord qu'une multitude d'erreurs en astronomie et dans la philologie de cette science, qu'un grand nombre d'assertions fausses, d'imputations sans fondement, des citations erronées et des travestissemens de ce que j'avais écrit.....

Je désirerais pouvoir adoucir certaines qualifications ou épithètes, qui pourraient paraître désobligeantes ou même offensantes, mais mon habitude de franchise m'interdit tout détour, et, comme Boileau, j'appelle un chat un chat. Mon but n'est pas d'offenser, mais de prouver.........

Je voudrais avoir eu à louer plusieurs articles de ses deux numéros du *Journal des Savans*. Il me reste seulement de leur lecture le droit de lui répéter le précepte du roi David (Psalm. 2, vers. 10): *Erudimini qui judicatis terram.*

4° ERREUR DES ASTRONOMES ET DES GÉOMÈTRES.

Préface.

Faire prévaloir la vérité sur des erreurs longtems accréditées et devenues classiques est une entreprise d'une exécution pénible, et bien éloignée en général de concilier la bienveillance et l'estime.

L'amour-propre du plus grand nombre, offensé dans la possession de son opinion, se soulève avec indignation contre celui qui lui montre que c'est une erreur, reproche sans hésiter à l'indicateur une audace téméraire, lui voue non-seulement le mépris, mais encore la haine, conformément à cet adage :

Veritas odium parit. Cependant, c'est avec cette perspective du résultat, qu'il faut combattre les erreurs qui sont de conséquence, lorsqu'on les connaît. C'est le devoir de tout ami sincère et zélé de la vérité de l'entreprendre, puisqu'il appartient à la lumière de faire disparaître les ténèbres, et que celui à qui la vérité vient se présenter doit se regarder comme extrêmement satisfait de la connaître et d'avoir à la soutenir. — C'est dans cette disposition que je vais attaquer par ses fondements une opinion qui, dans les circonstances actuelles, paraît avoir une consistance inébranlable. C'est l'accélération séculaire de la lune.......................................

III.

CORRESPONDANCE DE MARCOZ.

Voir à la bibliothèque de Chambéry les brouillons de cinq lettres de Marcoz à M. Maréchal, notaire, son fondé de procuration : 1° Lettre du 6 novembre 1829. 2° Réponse à la lettre de M. Maréchal du 12 janvier 1830. 3° Lettre du 16 août 1831. 4° Lettre du 3 juillet 1832. 5° Lettre du 31 octobre 1832.

Voici des extraits de trois de ces lettres :

1º   Paris, 6 novembre 1829.

J'ai reçu il y a quelques semaines, par l'entremise de l'ambassade de Russie, la réponse à l'envoi que j'avais fait de mon livre à l'Acad. imp. de Saint-Pétersbourg, par laquelle mon livre est considéré comme une *communication intéressante*. Le jugement des trois principales Académies est extrêmement fait pour me dédommager très-amplement des mauvaises critiques faites par une personne à chevelure rouge mue par un parti d'astronomes que je n'ai pas hésité d'attaquer, ce que je ferai encore toutes les fois que les vérités que je recherche l'exigeront.

Si je n'ai point encore fait imprimer ma défense, c'est que, seule, elle n'exciterait aucun intérêt ; il a fallu que je me sois attaché à la rendre la suite de quelque travail qui puisse m'attirer quelque gloire, il a fallu que je me sois occupé de réunir et d'examiner tout ce que mon adversaire a publié, dans le but de le faire mieux connaître au public en signalant ses nombreuses erreurs Le retard de quelques mois est insignifiant pour moi, mais il faut rendre la réponse critique décisive.......

4e   A M. Maréchal.

                    Paris, 3 juillet 1832.

..... Je regrette beaucoup la mort de l'estimable Claude Chevron. Il aurait pleuré la mienne si je l'avais précédé dans la tombe. Du moins, il a laissé d'excellens agriculteurs pour le remplacer dans la culture de mes propriétés.

..... J'ai employé plusieurs jours à méditer et à rédiger une lettre à l'Acad. des sc., par laquelle je lui reproche d'avoir violé son règlement et porte atteinte à mon droit en traitant l'ouvrage imprimé que je lui ai adressé en offrande comme si c'était un manuscrit et en le soumettant à un rapport officiel pour prononcer contre mon ouvrage, après avoir nommé pour rapporteur le membre le plus hostile contre mon livre. Cela ne me surprend pas, c'est dans le lieu où Laplace, dont j'ai attaqué les erreurs dans tout le cours de mon ouvrage, a laissé des disciples, qu'il a des défenseurs. Mais ils ont fait prendre à l'Académie une détermination injuste sous plusieurs points et dont je tirerai un grand parti en faveur de ma cause.

. . . .

5ᵉ   A M. MARÉCHAL.

Paris, 31 octobre 1832.

..... Un coup de collier est encore absolument nécessaire. J'ai travaillé à cet effet quatre mois, et je vais en employer quatre autres pour mettre au net mes matériaux et faire un ouvrage décisif en même temps qu'honorable pour ma mémoire..... Si une faction ne me soutient pas comme Laplace, j'ai pour moi la vérité et la raison. — On ne pense pas ailleurs comme à Paris. Une lettre de l'amirauté d'Angleterre, qui a la haute main sur tous les corps occupés d'astronomie, après trois mois depuis l'envoi de mon ouvrage, m'en a annoncé la réception de la manière la plus obligeante, ce qu'elle n'aurait pas fait si mon livre n'avait pas mérité son attention.......

IV.

DEUX LETTRES INÉDITES

D'ANTOINE MÉTRAL, AVOCAT, A MARCOZ.

—

Suscription : A Monsieur Marcoz,
astronome, à Chambéry.

1re Paris, le 2 septembre 1818.

Monsieur et estimable ami,

La science souffre de votre absence. J'aime-
rais bien mieux vous voir occupé de l'impres-
sion de vos ouvrages que de la réparation de
vos murs. Quittez votre charmante retraite. Il
est tems d'en sortir. Vous isolez trop votre
génie. Paris possède l'atmosphère où il doit
recevoir sa grandeur naturelle. — Ne le laissez
pas consumer de son propre feu sur un
rocher des Alpes. Vous, qui calculez le tems,
savez mieux que personne qu'il passe sans
retour. Je vous garantis qu'à Paris vous serez
libre, heureux, estimé ; cependant, si vous ne
devez pas partir cet hiver, ne partez plus au
printems, parce qu'alors je serai privé du
plaisir de vous voir.

Vous êtes le seul savant estimable en Savoye
qui ne souillez pas vos talens, votre plume, par
de lâches flatteries, de basses adulations. La
bassesse déshonore et flétrit le talent et c'est
avec raison que l'opinion lui imprime le sceau
de l'ignominie. Combien vous faites honte à
toutes ces âmes de boue. Vous êtes libre, fier

et fort comme le rocher sur lequel vous vivez, et s'il fallait dire quelque chose de plus, je dirais avec Labruyère : On met les moineaux et non les rossignols en cage.

Je n'allais jamais chez vous sans me figurer que j'allais chez un des savans de la Grèce. Je n'ai vu nulle part au monde un personnage si semblable à eux dans les manières, dans les mœurs, dans les opinions, et si j'avais quelque reproche à vous faire, ce serait de ne pas sentir assez votre force, d'avoir trop de timidité et de vous abandonner quelquefois à des illusions d'imagination que vous nourrissez avec trop d'amertume. Il faut avoir un peu plus de confiance aux hommes, quoiqu'ils ne vaillent pas grand'chose.

Je vous remercie de ce que vous me dites d'obligeant ; plusieurs journaux de Paris ont encore fait mention de mon histoire et en ont tous dit plus de bien qu'elle ne mérite. Car je n'en suis pas tout-à-fait aussi content qu'eux, et il me semble que je me serais mieux critiqué. Je vais en faire une seconde édition.

Dans le nombre des savans que j'ai vus, j'ai appris de l'un d'eux, M. Rolac, que le mont Sinaï était volcanisé, — que ce mont était brun et noir; — j'ai pensé que ce fait authentique et attesté vous serait précieux, si toutefois il ne vous était déjà connu.

M. Dupuy, qui me rapportera de vos nouvelles vous remettra un prospectus pour une entreprise littéraire dont il vous parlera. Vous pourriez, si cela vous était agréable, nous aider, car personne n'a plus que vous de précieux matériaux sur l'antiquité.

Daignez me conserver une place dans votre souvenir.

MÉTRAL.

2ᵉ   Paris, le 16 janvier 1820.

Monsieur et respectable ami,

J'ai rempli vos commissions. J'ai copié le
passage que vous désiriez, mais je ne sais si
c'est bien là ce que vous souhaitez, et si j'ai
suffisamment copié S'il y manque quelque
chose, j'y suppléerai d'après ce que vous man-
derez.

On a rendu compte de votre ouvrage dans la
section du Bulletin qui s'occupe de mathématiques ; le journaliste n'a pas compris la hau-
teur de vos vues, il a plutôt glissé sur vos
sommités qu'il ne les vues. Il prétend que ni
vous ni M. Delambre n'avez compris Ptolémée ;
mais pour cela il aurait dû prouver qu'il l'a
compris lui-même ; et tout ce qu'il dit prouve
qu'il ne l'a pas lu.

Vous devez avoir un autre jugement dans le
même journal (section d'histoire) à ce [que] m'a
dit le secrétaire de Férussac, et cet autre ne sera
peut-être pas fait par quelque étourdi tel qu'on
en rencontre sur la route des sciences.

Je n'ai pu voir encore M. Champollion quoique je sois allé deux fois chez lui. Votre bonne,
qui ne se porte pas bien, m'a témoigné beaucoup de complaisance.

J'aime à me persuader que votre santé se sera
toujours améliorée dans l'air pur que vous res-
pirez. Quant à moi, mon voyage a été assez bon,
et je jouis encore de la santé que j'ai récuperée
dans nos montagnes.

Si, dans vos moments de loisir, vous avez le
temps de passer chez M. Guinet, je vous prie
de lui donner de mes nouvelles et de l'engager
à m'écrire sitôt qu'il aura quelque chose à me
dire sur mes affaires.

Je suis, avec toute l'amitié dont vous êtes si
digne,

Votre dévoué compatriote,
MÉTRAL.

V.

TENEUR

DU TESTAMENT OLOGRAPHE

de J.-B.-P. Marcoz.

(Extrait des Archives civiles du Sénat de Savoie.)

—

Je soussigné Jean-Baptiste-Philippe, fils de feu Michel-Augustin Marcoz, homme de lettres, docteur en médecine, né à Jarrier, en Maurienne, propriétaire, domicilié à Barberaz-le-Petit, près de Chambéry, fais les dispositions suivantes de mes dernières volontés, écrites en entier de ma main et signées.

Saisi dans quelques instants par la mort, je rends à l'Etre suprême, avec toute l'effusion de ma reconnaissance, le principe intelligent qu'il m'a départi, par lequel il m'a montré toute sa magnificence dans les êtres qui ornent la terre et manifesté son pouvoir étonnant dans l'immensité des corps célestes et dans leurs mouvemens variés.

Je lègue mon corps devenu inanimé au professeur d'anatomie et de chirurgie de Chambéry, afin qu'il serve encore à l'instruction après mon décès. Je n'entends pas frustrer par-là le préposé à l'enterrement de mon corps, de ses droits funéraires, qui lui seront payés d'après ses réclamations légales.

Je nomme et institue pour mon héri-tière universelle la Ville de Chambéry dans les personnes de Messieurs les nobles Syndics et Conseillers de cette capitale.

Je constitue pour mon exécuteur tes-tamentaire M. Burgaz Victor, professeur public de dessin de cette ville, qui entrera en exercice dès le moment de mon décès et continuera de gérer et fera les inventaires.

J'assigne et affecte tous les biens-fonds que je possède dans la commune de Barberaz-le-Petit, s'élevant à environ vingt-huit journaux, ainsi qu'une créance de cinq-cent-cinquante francs que j'ai sur le Trésor Royal ou Public de Paris, sous le n° 73341 de la série Cinq, à l'établissement d'une *école théorique d'application de l'astronomie à la navigation de la marine marchande*, dont Messieurs les magistrats susdits seront les directeurs, les inspecteurs et les promoteurs.

J'en nomme premier professeur M. Burgaz susdit, dont les talents et la capacité me sont connus depuis longtemps. Les règlements des deux cours successifs de cette école, qui seront gratuits, seront adoptés par le Corps de ville, en ayant égard au projet concerté entre M. Burgaz et moi, qu'il exhibera.......
....

Si la susdite fondation éprouvait des oppositions de la part du pouvoir, ou devait être transportée ailleurs, je la révoque, casse et annule, et fais à sa place l'établissement suivant :

Je fonde une chaire de professeur de dessin linéaire en faveur des arts et métiers dans la ville de Chambéry, sous la direction, l'inspection et la promotion de Messieurs les nobles Syndics et Conseillers de la ville, pour laquelle fondation j'affecte tous mes susdits biens et avoirs ; j'en nomme professeur M. Burgaz Victor, déjà professeur de dessin pour la figure ; il en dressera seul les règlements, qui seront rendus exécutoires par Messieurs les magistrats de la ville.

Dans le cas de cet établissement, ma bibliothèque entière appartiendra à la ville de Chambéry, ainsi que tous mes manuscrits...................................
....

Je fais à mes fermiers la remise du quart de leur cense annuelle pour l'année de mon décès....................................
....

En cas de non-réception de mon corps à l'Ecole de chirurgie, j'ordonne qu'il soit *inhumé sans cérémonie* dans mon pavillon visant sur l'église.

Telles sont les dispositions de mes dernières volontés, rédigées en entier de ma main et que je signe ce *vingt-six août* de l'an mil huit cent trente-quatre, à Barberaz, dans mon domicile.

Signé : MARCOZ,

Homme de lettres et docteur en médecine.

VI.

MORT DE MARCOZ

Lettre de faire-part.

M.,

M. Marcoz, chanoine à Saint-Jean de Maurienne (Savoie), a l'honneur de vous faire part de la perte douloureuse qu'il vient de faire en la personne de son frère, M. Jean–Baptiste–Philippe Marcoz, docteur-médecin, homme de lettres et astronome distingué, décédé aujourd'hui 5 novembre. Vous êtes prié d'assister à ses funérailles.

Le convoi partira de l'hôtel Bayard, petite rue Tupin, demain jeudi, 6 du courant, à neuf heures et demie précises du matin, *pour se rendre à l'église de Saint-Nizier.*

Un *De Profundis !*

Lyon, le 5 novembre 1834.

VII.

Note manuscrite de M. Joseph Molin, avocat, conseiller de ville, écrite sur le deuxième feuillet d'un ouvrage intitulé : *Institutions astronomiques ou leçons élémentaires d'astronomie...,* *précédées d'un essai sur l'histoire de l'astronomie moderne.* A Paris, chez Hippolyte-Louis Guerin et Jacques Guerin, rue Saint-Jacques, à Saint-Thomas-d'Aquin, vis-à-vis les Mathurins, m dcc. xlvi, avec approbation et privilége du roi. Sans nom d'auteur.

[Cet ouvrage fait partie de la bibliothèque de M. Molin neveu, avocat près la Cour d'appel de Chambéry.]

Reçu en don de mon vénérable et savant ami et compatriote, M. le docteur Marcoz, ancien membre de la Convention nationale, fondateur de l'Ecole de dessin linéaire établie à Chambéry, sous la direction et surveillance du Conseil municipal, à laquelle il a consacré toute sa fortune.......

Sa bibliothèque, très-riche en ouvrages rares sur l'astronomie, science à laquelle il a consacré les trente dernières années de sa vie, a été léguée à la bibliothèque publique de cette cité.....

Il est à regretter que les administrateurs municipaux, chargés d'exécuter ses dernières volontés à l'époque de sa mort, aient méconnu l'importance de la chaire d'astronomie (qu'il avait eue principalement en vue), applicable à la marine marchande, — pour lui substituer l'enseignement du dessin linéaire, qu'il n'avait désigné et fondé que d'une manière subordonnée, pour le cas où la chaire d'astronomie rencontrerait des obstacles de force *majeure;* ou dans l'hypothèse que le gouvernement voudrait la transporter ailleurs.

Je n'ai cessé de réclamer contre cette fausse appréciation des volontés dernières *de ce citoyen illustre, qui n'a vécu que pour le progrès de la science et y a consacré en mourant tous ses avoirs, fruits d'une vie sobre, studieuse et modeste. Son savoir et ses manières simples et franches lui avaient concilié l'amitié des Condorcet, des Dupuis, des Lagrange, des Volney,* etc., et de toutes les personnes admises dans sa familiarité..... Un jour viendra où sa patrie reconnaissante lui consacrera un souvenir durable, en revenant à l'exécution fidèle de son testament par l'établissement d'une chaire d'astronomie appliquée à la navigation marchande.

1853.   Joseph MOLIN,
Avocat, conseiller de ville, ancien avocat des pauvres, l'un des fondateurs de la Société d'histoire naturelle de Savoie, conseiller divisionnaire dès 1848 jusqu'en 1860.....

Le testament du docteur Marcoz, écrit de sa main, a été déposé au Sénat de Savoie le 26 août 1834, où j'ai eu l'honneur de l'accompagner ; il est daté du 26 même mois : décédé à Lyon, à la suite d'une opération de lithotritie qui amena la gangrène pour avoir été tardive, son testament a été ouvert le 21 novembre de la même année ; j'ai été inscrit au nombre de ses légataires pour le Code des loix de Gentoux, le Chou-King de Confucius, et l'Origine des loix, des arts et des sciences ; 5 volumes en tout, reliés (in-4°).

VIII.

Je dois de précieux renseignements à l'obligeance de M. André Folliet, député, et à son travail, en partie encore inédit, sur *les Savoisiens dans les Assemblées législatives de la Révolution* (Paris, Charavay frères) ; — à celle de M. Molin, avocat (voir la note VII), — et de M. Carret, bibliothécaire de la ville de Chambéry. Qu'ils me permettent de leur en témoigner ma profonde reconnaissance.

Chambéry, août 1883.

M.-J. EVROT.